contenido

4
Sopa de cebolla a la francesa

6
Crema de puerros con naranja

8
Sopa de marisco y limón

10
Crema de coliflor

12
Minestrone

14
Crema de tomate

16
Sopa de mejillones

18
Caldo escocés

20
Sopa de apio-nabo con queso Stilton

22
Borsch

24
Bisque de gambas

26
Crema de ajo con crostini de olivas negras

28
Sopa agria de gambas tailandesa

30
Crema de setas

32
Sopa de salmón ahumado a la crema chantillí de lima

34
Crema de verduras

36
Laksa de Singapur

38
Sopa de guisantes verdes a la menta con tostones

40
Sopa de pescado

42
Crema de espárragos

44
Gazpacho

46
Crema de pollo

48
Consomé de verduras al azafrán

50
Sopa de pollo, bacon y lentejas

52
Sopa de almejas de Nueva Inglaterra

54
Sopa de chayote

56
Vichyssoise

58
Sopa estival de gambas y pepino

60
Sopa de manzana y chirivía

62
Técnicas del chef

 para principiantes   *para cocineros poco experimentados*   *para cocineros expertos*

Sopa de cebolla a la francesa

Conocida en Francia como Soupe à l'oignon gratinée, la sopa de cebolla a la francesa ha sido un primer plato muy popular de los fríos inviernos parisinos.

Tiempo de preparación 20 minutos
Tiempo de cocción 1 hora y 5 minutos
Para 6 personas

45 g de mantequilla
1 cebolla roja pequeña en aros finos
400 g de cebolla blanca en aros finos
1 diente de ajo majado
25 g de harina blanca
200 ml de vino blanco
1,5 litros de caldo de carne (vea pág. 63) o agua
bouquet garni (vea pág. 63)
1 cucharada de jerez

TOSTONES
12 rebanadas de baguette
200 g de queso gruyère rallado

1   Funda la mantequilla a fuego medio, en una sartén grande de fondo pesado. Añada las cebollas y fríalas durante 20 minutos, removiéndolas a menudo hasta que la mezcla esté dorada. Este paso es muy importante, ya que el color de la cebolla determinará el color final de la sopa. Añada el ajo y la harina y sofríalo todo, sin dejar de remover, durante 1 ó 2 minutos.

2   Añada el vino blanco, siga removiendo la preparación hasta que la harina se haya unido completamente. Llévela poco a poco a ebullición, sin dejar de remover. Remueva enérgicamente el caldo o el agua, añada el bouquet garni, y condimente la sopa con sal y pimienta negra molida. Déjela hervir a fuego lento durante 30 minutos y, a continuación, espume la superficie si es necesario. Agregue el jerez y acabe de condimentar la sopa a su gusto.

3   Para hacer los tostones, tueste las rebanadas de pan hasta que estén secas y doradas por ambos lados.

4   Vierta la sopa en tazones calientes, agregue los tostones, espolvoreados con el queso gruyère y colóquelos en un gratinador precalentado hasta que el queso se haya fundido y adquiera un tono dorado. Sirva la sopa inmediatamente.

Nota del chef Si prefiere una sopa de textura más ligera, prescinda de la harina.

Crema de puerros con naranja

Deliciosa sopa de puré de puerros y patatas, aderezada con una cucharada de crema de naranjas y Cointreau, y dorada en el gratinador.

Tiempo de preparación **30 minutos**
Tiempo de cocción **55 minutos**
Para 4 personas

30 g de mantequilla
500 g de puerros (únicamente la parte blanca), cortados en láminas
250 g de patatas en laminas finas
1 litro de caldo de pollo (vea pág. 62)
300 ml de nata líquida
la ralladura de la corteza de una naranja
1 cucharada de Cointreau
200 ml de nata líquida para montar
hojas frescas de perifollo para decorar

1   Funda la mantequilla en una olla grande a fuego lento. Añada el puerro con una pizca de sal y déjelo cocer lentamente durante 10 minutos o hasta que se ablande.
2   Añada la patata, espere 3 minutos y vierta el caldo. Llévelo a ebullición y cuézalo a fuego lento durante 20 minutos. Añada la nata líquida y deje hervir la mezcla otros 10 minutos. Con la ayuda de una licuadora o un robot de cocina, bata la sopa hasta obtener una mezcla homogénea. Condiméntela con sal y pimienta negra a su gusto, y manténgala caliente.
3   Mientras pone a calentar la gratinadora, mezcle la ralladura de la naranja y el Cointreau en un pequeño tazón. En un cazo separado, bata la nata montada hasta que forme picos y añádala a la mezcla de ralladura y Cointreau.
4   Vierta la sopa en tazones y aderécela con una cucharada de crema de naranja. Colóquela bajo la gratinadora hasta que se dore, y espolvoréela con algunas hojas de perifollo y un pellizco de pimienta negra molida.

Sopa de marisco y limón

*El sabor del limón es refrescante y un complemento óptimo para el sabroso marisco
Un plato de paladar elegante y refinado.*

Tiempo de preparación 25 minutos
Tiempo de cocción 20 minutos
Para 6 a 8 personas

400 g de berberechos
500 g de mejillones pequeños
400 g de almejas
100 ml de vino blanco seco
3 chalotes picados
6 vieiras (pídale al pescadero que abra las conchas, extraiga las vieiras y las limpie)
2 calamares pequeños (pídale al pescadero que los limpie y los prepare para cocer)
300 ml de caldo de pescado (vea pág. 62)
100 ml de nata líquida
20 g de mantequilla fría cortada en dados
1 zanahoria cortada en juliana (vea Nota del chef)
1 tallo de apio cortado en juliana
1/2 puerro cortado en juliana
100 g de quisquillas pequeñas, cocidas y peladas
la ralladura de la corteza de un limón
perifollo o perejil fresco picado para decorar

1 Lave los berberechos, mejillones y almejas con agua abundante y repita la operación un par de veces. Tenga especial cuidado con los berberechos, ya que suelen tener mucha arena. Coloque el marisco en una olla grande con el vino y los chalotes y lleve la mezcla lentamente a ebullición. Déjela cocer durante 2 ó 3 minutos o hasta que las conchas se abran. Retire el marisco del líquido de cocción, separe la carne de las conchas y póngala aparte. Puede ser que sea necesario volver a lavar los berberechos.

2 Añada las vieiras al líquido de cocción y hiérvalas entre 1 y 3 minutos. Retírelas y córtelas en pequeños dados. Corte el calamar en trozos pequeños y saltéelo en una sartén con un poco de aceite caliente. A continuación, déjelo secar sobre papel de cocina absorbente y resérvelo aparte.

3 Vierta el líquido de cocción del marisco en una cacerola limpia y agregue el caldo de pescado y la nata líquida. Caliente la mezcla a fuego fuerte y déjela hervir entre 3 y 5 minutos o hasta que obtenga una salsa muy clara. Añada la mantequilla y remuévala hasta que se haya combinado bien.

4 Hierva la zanahoria, el apio y el puerro en agua salada entre 3 y 4 minutos. Cuele las verduras, añádales agua fría para parar la cocción, vuelva a retirar el agua e incorpore a la salsa todos los vegetales y el marisco, incluidas las quisquillas. Añada la cantidad de ralladura de limón al gusto.

5 Sirva la sopa decorada con perifollo o perejil.

Nota del chef Cortar "en juliana" significa cortar tiras regulares del tamaño y forma de una cerilla.

Crema de coliflor

En Francia, esta sopa se conoce con la denominación Potage à la du Barry, en referencia a la condesa du Barry, amante del rey Luis XV y cuyo nombre aparece en gran número de platos que contienen coliflor.

Tiempo de preparación 25 minutos
Tiempo de cocción 35 minutos
Para 4 personas

300 g de coliflor picada
15 g de mantequilla
1 cebolla pequeña picada fina
1 puerro pequeño (únicamente la parte blanca) cortado en láminas
15 g de harina común
750 ml de leche

GUARNICIÓN
90 g de flósculos pequeños de coliflor
100 g de mantequilla clarificada (vea pág. 63) ó 100 ml de aceite
4 rebanadas de pan cortadas en dados
50 ml de nata líquida para montar
perifollo fresco picado para decorar

1 Coloque la coliflor en una cacerola grande y vierta 100 ml de agua. Si no queda bien cubierta por el agua, añada un poco de leche hasta que esté totalmente cubierta. Lleve el agua a ebullición, baje el fuego y déjala hervir durante 7 minutos o hasta que esté tierna. Con una batidora o robot de cocina, mezcle la coliflor y el líquido de cocción hasta que el conjunto adquiera una textura homogénea.

2 Funda la mantequilla a fuego lento en una cacerola mediana. Añada la cebolla y el puerro, cubra la cacerola con un papel encerado o una tapa y déje cocer las verduras durante cinco minutos o hasta que estén tiernas. Agregue la harina y déjala un minuto, sin dejar de remover, hasta que adquiera un color dorado. Retire la mezcla del fuego, vierta la leche hasta homogeneizar la preparación y vuelva a llevarla a ebullición, sin dejar de remover. Añada el puré de coliflor y condiméntela al gusto. Retírela del fuego y resérvela aparte.

3 Para la guarnición, lleve a ebullición una cacerola pequeña con agua salada, hierva los flósculos durante 2 minutos y páselos por agua fría. Cuélelos y manténgalos aparte.

4 En una sartén, caliente la mantequilla clarificada o el aceite a fuego fuerte. Fría los dados de pan, removiéndolos lentamente, hasta que se doren. Retírelos, déjelos secar sobre papel absorbente y sálelos mientras aún estén calientes para mantenerlos crujientes.

5 Vuelva a calentar la sopa, sazónela con sal y pimienta, y viértala en tazones. Aclare la sopa con la nata líquida si está demasiado espesa. Bata ligeramente la nata, viértala en la sopa y remuévala sin que llegue a mezclarse del todo. Aderece el conjunto con los flósculos, el perifollo y los tostones.

Minestrone

Versión tradicional de la clásica sopa italiana de verduras. Puede espesarse con judías o con cualquier pasta y, ya en la mesa, se agregará una cucharada colmada de queso parmesano.

Tiempo de preparación 20 minutos + una noche en remojo
Tiempo de cocción **1 hora y 30 minutos**
Para 6 personas

40 g de judías blancas
1,5 litros de caldo de pollo (vea pág. 62)
35 g de mantequilla
1 cebolla en aros
2 zanahorias picadas
2 tallos de apio en láminas
2 puerros (únicamente la parte blanca) cortados en láminas finas
1 cucharada de concentrado de tomate
2 lonchas de bacon troceadas
2 dientes de ajo majados
bouquet garni (vea pág.63)
250 g de col desmenuzada
50 g de guisantes verdes
100 g de queso parmesano rallado

1   Coloque las judías secas en un cazo, cúbralas con el doble de su volumen de agua fría y déjelas una noche en remojo. Cuélelas y aclárelas con agua fría. Caliente el caldo de pollo en una cazuela grande, añada las judías coladas y llévelo lentamente a ebullición. Déjelas cocer durante 45 minutos o hasta que estén tiernas, espumando a menudo la superficie.

2   Derrita la mantequilla en un cazo grande a fuego lento. Añada la cebolla, la zanahoria, el apio y el puerro y saltéelos lentamente 10 minutos, o hasta que estén tiernos pero no dorados. Vierta el concentrado de tomate y mézclelo con el sofrito durante 1 ó 2 minutos, removiéndolo sin parar para que no se queme. Agregue el bacon, el ajo y el bouquet garni.

3   Vierta las judías con el caldo sobre la mezcla del tomate y remuévalo todo hasta que quede una mezcla homogénea. Sazone con sal y pimienta al gusto. Deje hervir la sopa unos 20 minutos, añada la col y déjela cocer hasta que esté tierna. A continuación, añada los guisantes y cuézalos otros 5 minutos. Retire el bouquet garni y condimente la sopa según sus preferencias personales.

4   Sirva la sopa en boles, acompañada del queso parmesano.

Nota del chef Esta sopa resulta sustanciosa con las verduras y judías, pero procure que quede lo suficientemente líquida para tomarse como una sopa. Si es necesario, añada más agua durante la ebullición.

Crema de tomate

Los mejores resultados al cocinar esta sopa se consiguen con tomates frescos, muy maduros y de temporada. El premio es una sopa con el dulce aroma del tomate.

Tiempo de preparación **15 minutos**
Tiempo de cocción **35 minutos**
Para 6 personas

1 1/2 cucharadas de aceite de oliva
1 cebolla en aros
2 dientes de ajo majados
3 tallos grandes de albahaca fresca
1 ramita de tomillo fresco
1 hoja de laurel
2 cucharadas de tomate concentrado
1 kg de tomates muy maduros cuarteados
una pizca de azúcar
250 ml de caldo de pollo (vea pág. 62)
100 ml de nata líquida
hojas frescas de albahaca en juliana para decorar

1 Caliente el aceite en una cacerola y fría la cebolla durante 3 minutos hasta que esté tierna pero no dorada.
2 Añada el ajo, los tallos de albahaca, el tomillo, la hoja de laurel, el tomate concentrado y los tomates frescos. Condimente la mezcla con azúcar, sal y pimienta. Vierta el caldo de pollo y llévelo a ebullición, baje el fuego, tape la cacerola y déjelo hervir unos 15 minutos. A continuación, retire la hoja de laurel.
3 Bata la mezcla con la ayuda de una batidora o robot de cocina y cuélela con un tamiz fino. Vuelva a colocarla en la cacerola, vierta la nata líquida y recaliéntela. Compruebe si el condimento está a su gusto.
4 Sirva la sopa en tazones o en un gran plato sopero que puede decorar con la albahaca en juliana.

Nota del chef Si no es temporada de tomates y éstos no son aromáticos puede utilizar la misma cantidad de tomates en conserva, que también proporcionan excelentes resultados.

Sopa de mejillones

Una deliciosa y delicada sopa de mejillones, discretamente aromatizada con azafrán y cocinada con una salsa de vino blanco y caldo de pescado.

Tiempo de preparación 35 minutos + 10 minutos en remojo
Tiempo de cocción 30 minutos
Para 4 personas

1,25 kg de mejillones
50 g de mantequilla
1 tallo de apio picado fino
4 chalotes en láminas finas
30 g de perejil fresco picado
300 ml de vino blanco seco
300 ml de caldo de pescado (vea pág. 62)
350 ml de nata líquida
2 pizcas de hebras de azafrán
20 g de harina común
40 g de mantequilla fría común en dados
2 yemas de huevo
hojas frescas de perifollo para decorar

1 Limpie bien los mejillones. Con la ayuda de un cuchillo desafilado raspe las valvas para eliminar las incrustaciones y arranque las barbas. Descarte los mejillones que no se cierren al golpearlos ligeramente.

2 Funda 30 g de mantequilla en una cacerola grande, añada el apio y los chalotes y cuézalos hasta que estén tiernos pero no dorados. Agregue los mejillones, el perejil y el vino. Tape el cazo y déjelo cocer durante 4 minutos o hasta que los mejillones se hayan abierto. Retírelos y reserve el líquido de cocción. Descarte los mejillones que no se hayan abierto y separe la carne de la concha de los demás.

3 Cuele el líquido de cocción y hiérvalo hasta que quede reducido a la mitad. Añada el caldo de pescado y 300 ml de nata líquida y vuelva a llevar la mezcla a la ebullición. Añada el azafrán y pimienta negra. Mezcle los 20 g restantes de mantequilla y la harina en un cazo y combínelos con la sopa. Hierva la sopa para cocer la harina y agregue la mantequilla fría agitando la cacerola hasta que se haya mezclado.

4 En un cazo, mezcle las yemas de huevo y el resto de la nata líquida. Añada un poco de sopa caliente y luego vierta la mezcla en la cacerola. No permita que llegue a hervir. Limítese a calentar la sopa o las yemas se cuajarán.

5 Añada los mejillones en la sopa para calentarlos y sírvala acompañada de unas hojas frescas de perifollo.

Nota del chef Los mejillones deben estar vivos en el momento de cocinarlos, ya que se estropean muy rápidamente. Si están abiertos antes de la cocción, deben descartarse.

Caldo escocés

Esta sopa caliente escocesa suele servirse en dos platos. En primer lugar el caldo sin colar y, a continuación, la carne tierna. Si bien tradicionalmente se elaboraba con carnero, en la actualidad suele emplearse carne de cordero.

Tiempo de preparación 30 minutos + 1 ó 2 horas en remojo
Tiempo de cocción 1 hora y 30 minutos
Para 4 personas

30 g de cebada
400 g de cuello de cordero o carnero deshuesado (pídaselo a su carnicero)
30 g de mantequilla
1 zanahoria pequeña en dados pequeños
1/2 nabo pequeño en dados pequeños
1 puerro pequeño en dados pequeños
1/2 cebolla pequeña en dados pequeños
60 g de guisantes congelados
30 g de perejil fresco picado

1 Coloque la cebada en un cazo, cúbrala bien con agua fría y déjela en remojo durante 1 ó 2 horas. Cuélela y enjuáguela con agua fría del grifo. Haga hervir agua en una cacerola, añada la cebada y déjela cocer durante 15 minutos o hasta que esté tierna. Cuélela y resérvela aparte.

2 Elimine la grasa sobrante de la carne y córtela en pequeños trozos. Llene la mitad de una cacerola con agua salada y llévela a ebullición. Añada el cordero y cuézalo durante 2 minutos. A continuación, cuélelo y sumérjalo en un cazo de agua fría. Este proceso aclarará la sopa y eliminará los restos de grasa. Limpie la cacerola, llénela de nuevo hasta la mitad con agua salada y llévela a ebullición. Añada la carne, baje el fuego y déjela hervir entre 30 y 40 minutos o hasta que la carne esté tierna. Cuele el caldo, guarde la carne aparte y calcule que necesitará 1 litro de líquido de cocción. Puede añadir más agua si es necesario.

3 Funda la mantequilla en un cazo grande a fuego medio. Añada las verduras en dados y saltéelas, removiéndolas a menudo hasta que estén tiernas pero no doradas. Extráigalas y seque la cacerola con papel absorbente de cocina. Vuelva a colocar las verduras y mézclelas con el cordero, la cebada y los guisantes. Agregue el caldo y llévelo a ebullición. Baje el fuego y déjelo hervir durante 30 minutos. Espume la superficie a menudo para eliminar la grasa e impurezas sobrantes. Sazone al gusto y sirva la sopa decorada con una pizca de perejil.

Sopa de apio-nabo con queso Stilton

El apio-nabo, un apio dulce y con un ligero sabor a nuez, se combina con Stilton, el rey de los quesos ingleses.

Tiempo de preparación **5 minutos**
Tiempo de cocción **40 minutos**
Para 4 personas

1 1/2 cucharadas de aceite o 30 g de mantequilla
1 cebolla en aros
200 g de apio-nabo pelado y cortado fino
100 g de queso Stilton desmenuzado
berro fresco para decorar

1 Caliente el aceite o la mantequilla en una cacerola grande y añada la cebolla. Tápela y manténgala a fuego lento hasta que la cebolla se vuelva transparente. Agregue el apio-nabo y 1 litro de agua, vuelva a tapar la cacerola y llévela a ebullición. Baje el fuego y deje hervir la preparación durante 30 minutos o hasta que el apio-nabo esté muy tierno.
2 Añada 75 g de queso Stilton y haga puré la mezcla con ayuda de una batidora o un robot de cocina. Vierta la sopa en una cacerola limpia y vuelva a calentarla. Sazone con sal y pimienta negra recién molida al gusto, teniendo en cuenta que el queso Stilton suele ser bastante salado.
3 Sirva la sopa con el queso restante desmenuzado por encima. Decore el plato con unas ramitas de berro y una pizca de pimienta negra recién molida.

Nota del chef El apio-nabo pierde color al pelarlo. Si lo prepara con anterioridad, guárdelo en un cazo cubierto con agua, a la que añadirá una cucharada de zumo de limón.

Borsch

Este sopa de verduras se basa en una receta de Ucrania, donde el borsch es la sopa nacional. Se caracteriza por su espesor y el color rojo intenso de su principal ingrediente, la remolacha.

Tiempo de preparación 40 minutos
Tiempo de cocción 45 minutos
Para 6 personas

3 litros de agua
1 cucharada de tomate concentrado
500 g de remolacha fresca cortada en juliana (vea Nota del chef)
1 zanahoria cortada en juliana
125 g de chirivías cortadas en juliana
4 tallos de apio cortados en juliana
1 cebolla picada fina
2 dientes de ajo
350 g de col desmenuzada
6 tomates maduros
30 g perejil fresco picado fino
60 g de harina común
125 ml de nata agria

1 Hierva los 3 litros de agua en un cazo grande y condiméntela con sal y pimienta negra recién molida. Vierta el tomate concentrado en el agua junto con la remolacha, la zanahoria, la chirivía y el apio, y deje hervir la mezcla durante 15 minutos. Añada la cebolla, el ajo y la col desmenuzada y siga hirviendo la sopa otros 15 minutos.

2 Haga una pequeña cruz en la base de cada tomate, colóquelos en agua hirviendo durante 10 segundos y seguidamente sumérjalos en agua fría. Pélelos, córtelos a cuartos, retire las pepitas y tritúrelos.

3 Compruebe el condimento de la sopa y añada el tomate. Déjela hervir durante 5 minutos e incorpore el perejil. Espese la sopa batiendo la harina con la nata agria y añadiendo la mezcla a la sopa; cueza la preparación a fuego lento removiendo hasta que quede bien combinada.

4 Si es necesario, agregue un poco de sal y azúcar. El borsch debe quedar algo picante, pero no dulce. Tiene mejor sabor si se prepara el día antes y se recalienta justo antes de servirla.

Nota del chef Cortar "en juliana" significa cortar tiras regulares del tamaño y la forma de una cerilla.

Bisque de gambas

El bisque original era un puré de cangrejo, espesado con pan. En la actualidad, se utiliza cualquier tipo de marisco y suele retocarse con nata líquida fresca. El resultado es una sopa sabrosa y elegante.

Tiempo de preparación 35 minutos
Tiempo de cocción 1 hora
Para 6 personas

600 g de gambas pequeñas cocidas sin pelar
30 g de mantequilla
1 zanahoria pequeña picada
1/2 cebolla pequeña picada
1 tallo de apio picado
1/2 puerro picado
1 cucharada de coñac
1 cucharada de tomate concentrado
2 tomates maduros en cuartos
3 ramitas frescas de estragón
bouquet garni (vea pág. 63)
150 ml de vino blanco
350 ml de caldo de pescado (vea pág. 62)
300 ml de nata líquida
una pizca de pimienta de Cayena
40 g de mantequilla fría en dados
1 cucharadita de harina de arroz (opcional)
eneldo fresco picado para decorar

1 Separe 18 gambas enteras para decorar y pique las restantes sin pelarlas.

2 Caliente la mantequilla en una cacerola grande y añada la zanahoria, la cebolla, el apio y el puerro. Tápela y deje cocer el sofrito hasta que todo esté tierno, pero no dorado. Añada las gambas picadas y cuézalas durante 5 minutos. Agregue el coñac y hágalo hervir mientras raspa el fondo de la cacerola. Luego deje que el líquido se vaya evaporando. Incorpore el tomate concentrado, los tomates y las ramitas de estragón y déjelo cocer durante 30 segundos, sin dejar de remover. A continuación, agregue el bouquet garni, vierta el vino blanco y espere a que se evapore antes de incorporar el caldo de pescado y la nata líquida. Hágalo hervir, baje el fuego, tape la cacerola y deje cocer durante otros 15 ó 18 minutos.

3 Mezcle el conjunto enérgicamente y cuélelo seguidamente con la ayuda de un tamiz fino. Compruebe el condimento y añada sal y pimienta de Cayena si lo desea. Agregue la mantequilla fría, agitando la cacerola hasta que se haya fundido. La sopa se espesará a medida que el líquido se mezcle con la mantequilla para formar una emulsión.

4 Si el bisque no ha quedado lo suficientemente espeso, mezcle la harina de arroz con un poco de agua y vaya vertiendo la mezcla en la sopa hasta que logre la consistencia deseada. Si queda demasiado espesa, puede diluirla con un poco más de caldo de pescado.

5 Reparta las gambas reservadas en seis tazones. Vierta la sopa por encima y decórela con una pizca de eneldo picado.

Crema de ajo con crostini de olivas negras

Original plato que se basa en las sopas de ajo típicas del Mediterráneo. El crostini de olivas negras combina estupendamente con muchas otras cremas de este libro.

Tiempo de preparación 20 minutos
Tiempo de cocción 45 minutos
Para 4 personas

90 g de mantequilla
2 cabezas de ajo con los dientes pelados
2 cebollas picadas finas
300 g de patatas harinosas en dados
500 ml de leche
500 ml de caldo de pollo (vea pág. 62) o agua

CROSTINI DE OLIVAS NEGRAS
4 rebanadas de baguette
100 g de olivas negras deshuesadas y picadas
50 ml de aceite de oliva

1   Funda 30 g de mantequilla en un cazo mediano a fuego medio. Añada los dientes de ajo y fríalos entre 5 y 7 minutos o hasta que estén dorados. Agregue la cebolla y saltéela durante 2 ó 3 minutos. A continuación, añada la patata y los 60 g restantes de mantequilla, y deje que cueza de 7 a 10 minutos o hasta que las cebollas estén tiernas. No deje de remover el sofrito, ya que el almidón de las patatas propicia que se peguen. Vierta la leche y el caldo o el agua, y deje cocer la preparación a fuego lento durante 15 minutos o hasta que las patatas estén muy blandas.

2   Bata la sopa con la ayuda de una batidora o robot de cocina. Viértala de nuevo en la cacerola, que habrá enjuagado previamente, y sazone con sal y pimienta recién molida. Tape la sopa para mantenerla caliente.

3   Para preparar el crostini de olivas negras, tueste las cuatro rebanadas de baguette en el grill hasta que queden doradas por ambos lados. Coloque las olivas picadas en un recipiente pequeño y alíñelas con el aceite para ligarlas. Sazónelas con sal y pimienta negra recién molida y extiéndalas sobre las tostadas.

4   Sirva la sopa en tazones y acompañada del crostini.

Sopa agria de gambas tailandesa

Esta famosa sopa, conocida en Tailandia como Tom Yum Goong, equilibra con su picante el intenso sabor a coco del curry tailandés. Reduzca el número de guindillas, si la encuentra demasiado picante.

Tiempo de preparación **30 minutos**
Tiempo de cocción **20 minutos**
Para 4 personas

500 g de gambas grandes crudas sin pelar
2 cucharadas de aceite vegetal
2 ó 3 tallos de hierba limonera (sólo la parte blanca), cortados en trocitos de 2 cm y machacados
1 cucharada de jengibre fresco picado o rallado
3 dientes de ajo
2 cucharadas de tallo de cilantro desmenuzado
4 granos de pimienta negra
2 guindillas rojas pequeñas
2 guindillas verdes pequeñas
4 hojas de lima trituradas
2 cebolletas en aros
1 1/2 cucharadas de salsa de pescado (nam pla)
1 1/2 cucharadas de zumo de lima
hojas frescas de cilantro para decorar

1 Pele las gambas, manteniendo las colas intactas y reservando aparte las cabezas y los caparazones. Tape y refrigere las gambas. Enjuague las cabezas y los caparazones.

2 Caliente el aceite en una cazuela ancha y poco honda, añada las cabezas y caparazones de las gambas, los tallos de hierba limonera y el jengibre y fríalo todo a fuego fuerte durante 3 ó 4 minutos. Añada 1,5 litros de agua y llévela a ebullición, espumando la superficie continuamente. Baje el fuego, tape la cacerola y déjela hervir 10 minutos. Cuele la sopa y separe los caparazones, cabezas y condimentos. Vierta el líquido en un cazo limpio y resérvelo aparte.

3 Con un mortero, o en su defecto un tazón y el extremo de un rodillo, mezcle el ajo, el tallo de cilantro y los granos de pimienta hasta conseguir una pasta fina.

4 Parta las guindillas a lo largo, quíteles las semillas y córtelas en láminas finas. Es recomendable que utilice guantes de goma, ya que estas guindillas son muy picantes y pueden producir una intensa sensación de quemazón.

5 Vuelva a hervir el caldo y añada la mezcla de ajo, cilantro y pimienta, y las hojas de lima, las cebolletas y las gambas. Déjelo hervir durante 3 ó 4 minutos, o hasta que las gambas adquieran un tono rosado opaco. Retírelas y agregue las guindillas rojas y verdes, la salsa de pescado y el zumo de lima. Pruebe el caldo para comprobar el condimento. Puede añadir un poco más de zumo de lima o de salsa de pescado. Sirva el plato decorado con las hojas de cilantro.

Crema de setas

Esta sopa combina setas silvestres y de vivero para lograr un sabor complejo y sabroso. Pruebe otras variedades de champiñón, cada vez más fáciles de encontrar, para experimentar con nuevos sabores.

Tiempo de preparación 20 minutos
Tiempo de cocción 30 minutos
Para 6 personas

200 g de setas silvestres, tales como mízcalos
300 g de champiñones
30 g de mantequilla
4 chalotes picados
500 ml de caldo de pollo (vea pág. 62)
300 ml de nata líquida
5 ó 6 ramitas de perifollo
30 g de mantequilla fría en dados
60 ml de nata líquida para montar

1 Coloque las setas silvestres en un colador y elimine la tierra y suciedad. Límpielas a fondo en una cacerola grande llena de agua, pero no las deje mucho rato en remojo, ya que absorverían demasiado líquido. Retírelas y córtelas en láminas. Limpie los champiñones con papel de cocina.

2 Derrita la mantequilla en una cacerola mediana. Añada los chalotes y saltéelos a fuego lento durante 1 ó 2 minutos. Agregue las setas, tape la cacerola y déjelas durante 2 ó 3 minutos. Vierta el caldo de pollo y la nata líquida y condiméntelo todo con sal y pimienta. Incorpore tres o cuatro ramitas de perifollo y déjelo hervir entre 12 y 15 minutos.

3 Pase la mezcla por la batidora o el robot de cocina y luego por un cedazo. Vierta el puré resultante en un cazo limpio, cuézalo a fuego lento y añada la mantequilla fría, agitando el cazo hasta que la mezcla quede homogénea. Condiméntela con sal y pimienta recién molida, al gusto.

4 En un tazón, bata la nata hasta que forme picos y sazónela con sal y pimienta.

5 Sirva la sopa en tazones. Con dos cucharillas de postre, forme pequeñas porciones ovaladas con la nata montada y coloque una en cada sopa. Decore con el perifollo sobrante.

Nota del chef Si sólo dispone de setas silvestres secas use la mitad del peso indicado y póngalas en remojo en agua durante una noche, cubriéndolas totalmente. El líquido resultante tiene un fuerte sabor y es un substituto excelente para parte o la totalidad del caldo de pollo de esta receta, o puede utilizarse en estofados o cazuelas.

Sopa de salmón ahumado a la crema chantillí de lima

Si en navidad o en otra ocasión especial adquiere un salmón ahumado entero con piel y espinas, no tire los restos. Consérvelos en el frigorífico para preparar esta elegante sopa.

Tiempo de preparación 30 minutos
Tiempo de cocción 1 hora
Para 8 personas

30 g de mantequilla
1 cebolla picada
3 chalotes picados
1/2 un bulbo de hinojo picado fino
1 tallo de apio y 1 puerro picado fino
1 zanahoria picada fina
750 g de recortes de salmón ahumado
375 ml de vino blanco
bouquet garni (vea pág. 63)
10 granos de pimienta blanca
1 anís estrellado
1 cucharada de hierbas frescas mezcladas, tales como perifollo o perejil
1,8 litros de caldo de pescado (vea pág. 62) o agua
150 ml de nata líquida espesa
cebollino fresco picado para decorar
50 g de salmón ahumado para decorar

CREMA CHANTILLÍ DE LIMA
150 ml de nata líquida para montar
la ralladura de una lima

1   Funda la mantequilla en una sartén grande a fuego medio y añada la cebolla, los chalotes, el hinojo, el apio, el puerro y la zanahoria y saltéelo todo, removiéndolo continuamente durante 10 minutos, o hasta que las verduras estén blandas pero no doradas. Retire la mitad de las verduras de la sartén y resérvelas.

2   Añada el salmón en la sartén y fríalo a fuego lento durante 2 minutos. Agregue el vino, el bouquet garni, los granos de pimienta, el anís y las hierbas y sazone la preparación con sal y pimienta negra recién molida. Llévela a ebullición hasta que el líquido quede reducido a la mitad y añada el caldo de pescado. Baje el fuego y déjela hervir durante 25 minutos, espumando la superficie a menudo. A continuación, pásela por un colador y retire los trozos de salmón, las verduras y el condimento.

3   Pase el líquido a una cacerola limpia, añada las verduras previamente separadas y déjelas cocer 10 minutos a fuego medio. Cuele la sopa una vez más, separando las verduras, devuélvala a la cacerola y vierta la nata líquida. Aderécela con sal y pimienta, retírela del fuego y manténgala caliente.

4   Para hacer la crema chantillí de lima, bata la nata líquida en un tazón pequeño, añada la ralladura de la lima y ligue la mezcla.

5   Sirva la sopa caliente o fría adornada con el cebollino picado. Añada una cucharada colmada de crema chantillí en el centro y, encima, una fina loncha de salmón.

Crema de verduras

Según la estación, se pueden utilizar diferentes verduras para esta sopa. Ésta es una versión densa de invierno, pero una sopa de primavera también resulta deliciosa.

Tiempo de preparación **15 minutos**
Tiempo de cocción **1 hora**
Para 6 personas

100 g de mantequilla
300 g de patatas en dados
1 zanahoria en dados
1/2 cebolla en dados
2 puerros pequeños (únicamente la parte blanca) en láminas finas
1 tallo de apio en láminas finas
bouquet garni (vea pág. 63)
200 ml de nata líquida
perejil o perifollo fresco picado para decorar

1 Caliente la mantequilla en una cacerola, añada las verduras, tápela y déjela cocer a fuego lento hasta que las verduras estén tiernas. Añada el bouquet garni. Vierta 1,5 litros de agua, llévela a ebullición, baje el fuego y déjela hervir durante 30 minutos. Retírela del fuego y separe el bouquet garni.
2 Bata la sopa con una batidora o un robot de cocina, cuélela y viértala en una cacerola limpia. Déjela cocer a fuego lento unos 10 minutos.
3 Añada la nata líquida y condiméntela con sal y pimienta al gusto. Sírvala muy caliente, espolvoreada con el perejil o el perifollo y acompañada de pan de corteza dura.

Laksa de Singapur

Para preparar esta sabrosa sopa picante y cremosa, lo tradicional es emplear tallarines frescos de arroz. Si no puede encontrarlos, los tallarines chinos que se utilizan aquí son una buena alternativa.

Tiempo de preparación 25 minutos
Tiempo de cocción 35 minutos
Para 4 personas

18 gambas medianas cocidas sin pelar
4 chalotes asiáticos picados
3 dientes de ajo picados
5 guindillas secas picadas
2 tallos de hierba limonera (sólo la parte blanca) en láminas finas
3 cucharaditas de cúrcuma molida
1 cucharada de pasta de langostinos
1/2 cucharadita de cilantro molido
1 litro de leche de coco
2 cucharadas de aceite
2 cucharadas de azúcar
500 g de filetes de pechuga de pollo sin piel
250 ml de caldo de pollo (vea pág. 62)
250 g de tallarines chinos secos al huevo
hojas de menta fresca enteras o picadas para decorar
1 cebolleta en láminas para decorar
1 guindilla roja sin pepitas y en láminas finas para decorar

1 Pele y limpie las gambas. Tápelas y guárdelas en la nevera hasta que las vaya a utilizar.

2 Bata los chalotes y el ajo hasta conseguir una pulpa fina. Añada las guindillas secas, la hierba limonera, la cúrcuma, la pasta de langostinos, el cilantro y 60 ml de leche de coco. Bata los ingredientes hasta conseguir una pasta fina.

3 Caliente el aceite en un cazo mediano, agregue la pasta y fríala un minuto, sin dejar de removerla, hasta que note un aroma fragante. Añada 300 ml de agua, la leche de coco restante, azúcar y una cucharadita de sal, y remueva la mezcla hasta que hierva. Baje el fuego y cuézala durante 10 minutos.

4 Escalfe el pollo en una cazuela pequeña, vertiendo encima el suficiente caldo de pollo para cubrirlo. Déjelo hervir durante 8 minutos, tapado, hasta que esté cocido, y córtelo en trozos pequeños.

5 Entretanto, haga hervir agua con sal en una cacerola grande. Parta los tallarines con los dedos, colóquelos en la cacerola y déjelos hervir unos 7 minutos, o hasta que los tallarines estén *al dente*. Cuélelos y vierta encima agua tibia para eliminar el exceso de fécula y evitar que se peguen, pero no permita que lleguen a enfriarse.

6 Divida los tallarines, las gambas y el pollo en cuatro tazones y vierta la sopa caliente. Coloque encima las hojas de menta, las láminas de cebolleta y la guindilla roja y sírvalo inmediatamente.

Sopa de guisantes verdes a la menta con tostones

Los guisantes verdes y la menta son compañeros habituales en la cocina; en esta receta, se combinan para crear una deliciosa y aromática sopa de leve consistencia.

Tiempo de preparación 25 minutos
Tiempo de cocción 40 minutos
Para 4 personas

1 lechuga francesa desmenuzada
12 cebolletas ó 1 cebolla pequeña en aros
450 g de guisantes congelados, descongelados
1 ó 2 ramitas de menta fresca
1,2 litros de caldo de pollo (vea pág. 62)
4 rebanadas de pan
aceite para cocinar
30 g de mantequilla
30 g de harina común
150 ml de nata líquida

1 Coloque la lechuga, las cebolletas o la cebolla y los guisantes en una cacerola grande con la menta. Vierta el caldo de pollo y llévelo a ebullición. Baje el fuego y déjelo hervir durante 25 minutos. Hágalo todo puré con ayuda de una batidora o robot de cocina y pase la sopa por un colador.

2 Entretanto, quite la corteza del pan y córtelo en pequeños dados. Caliente el aceite y fría los dados hasta que estén ligeramente dorados, removiéndolos de vez en cuando con una cuchara. Retírelos y déjelos secar sobre papel de cocina absorbente. Sálelos mientras aún estén calientes. Además de aderezarlos, mantendrá crujientes los tostones.

3 Derrita la mantequilla en una cacerola grande a fuego medio, añada la harina y cuézala 1 minuto, sin que llegue a cambiar de color. Retírela del fuego, añada la sopa y mézclela bien. Vuelva a calentarla a fuego entre lento y medio y llévela a ebullición sin dejar de remover. Añada la nata líquida y salpimente la sopa. Sírvala en bols, en los que habrá colocado previamente los tostones.

Nota del chef El uso de la nata líquida es opcional; de hecho, quizá prefiera batirla y servirla mezclada parcialmente con la sopa o bien por encima, como decoración. Si desea substituir los tostones por otra decoración, puede utilizar 30 g de guisantes cocidos.

Sopa de pescado

La cocina francesa cuenta con numerosas y exquisitas sopas tradicionales de pescado, elaboradas con pescado fresco hervido con hierbas y vino. Ésta es una sopa ligera y, sin embargo, sorprende por su intenso sabor.

Tiempo de preparación 30 minutos
Tiempo de cocción 1 hora
Para 6 personas

1 pez gallo, de unos 400 g, en filetes
4 salmonetes, unos 600 g, en filetes
2 rubios rojos, unos 400 g, en filetes
500 g de congrio en filetes
  (vea Nota del chef)
50 ml de aceite de oliva
1 zanahoria pequeña picada fina
1/2 cebolla pequeña picada fina
1/2 puerro cortado en dados de 2 cm
3 dientes de ajo majados
2 ramitas de tomillo
1 hoja de laurel
1 cucharada de tomate concentrado
80 g de perejil fresco picado
4 tomates cuarteados
  y sin semillas
200 ml de vino blanco
3 cucharadas de coñac
200 ml de nata líquida
2 pizcas de pimienta de Cayena
2 pizcas de azafrán

1 Lave bien los filetes de pescado con agua abundante. Séquelos con papel de cocina y córtelos en dados de entre 3 y 5 cm. Tápelos y guárdelos en el frigorífico hasta que los vaya a utilizar.

2 Caliente el aceite de oliva en una cacerola, añada la zanahoria, la cebolla, el puerro y el ajo, y saltéelos a fuego lento durante 5 minutos. Agregue las ramitas de tomillo, la hoja de laurel y el tomate concentrado. Mézclelo todo bien durante 5 minutos. Incorpore los trozos de pescado y déjelo hervir otros 5 minutos. Añada dos litros de agua, el perejil y el tomate picados y deje hervir la mezcla durante 30 minutos. Vierta el vino blanco y el coñac y remuévalo todo a fuego lento unos 2 minutos.

3 Pase la mezcla por un colador fino presionándola fuerte para que todo el jugo y el sabor de los ingredientes pase al líquido final. Descarte los trozos de pescado, las verduras y las hierbas. Vierta el líquido en una cacerola limpia y caliéntelo a fuego lento. Añada la nata líquida, la pimienta de Cayena y el azafrán y sazone la sopa con sal y pimienta negra recién molida. Déjela hervir durante 5 minutos y sírvala espolvoreada con pimienta negra recién molida.

Notas del chef Pídale al pescadero que escame, limpie y corte el congrio en filetes.

Si no dispone de una de las clases de pescado, puede aumentar la cantidad del resto.

Crema de espárragos

El espárrago es una de las verduras primaverales más exquisitas. En esta sencilla sopa, que puede servirse fría o caliente, destaca el sabor del espárrago.

Tiempo de preparación **15 minutos**
Tiempo de cocción **20 minutos**
Para 4 personas

*800 g de espárragos verdes
  o blancos*
500 ml de caldo de pollo (vea pág. 62)
265 ml de nata líquida o nata espesa (doble)
una pizca de azúcar
*1 cucharada de harina de maíz
  o de patata*
1 ó 2 cucharadas de agua o leche
*2 cucharadas de perifollo fresco picado
  para decorar*

1 Pele y descarte la capa dura de la base de los espárragos, y corte el extremo más grueso. Lávelos y séquelos. Corte 3 cm de las yemas y sepárelas. Corte los tallos en rodajas finas. Haga hervir agua con sal en un cazo, eche las yemas y déjelas hervir durante 2 minutos. Sáquelas y sumérjalas en un cazo de agua helada para detener la cocción.

2 Vierta el caldo de pollo y 250 ml de nata líquida en una cacerola grande con el azúcar y algo de sal y pimienta. Llévelo a ebullición, añada las rodajas de espárrago y déjelo cocer 10 minutos a fuego lento.

3 Pase la sopa por una batidora o un robot de cocina y cuélela. Vuelva a calentar la mezcla en una cacerola limpia. En un pequeño cazo, mezcle la harina de maíz o de patata con el agua o la leche hasta que formen una pasta fina. Vierta un poco de la preparación caliente de espárragos en la pasta. Líguela y viértala ahora en la cacerola grande. Llévela a ebullición sin dejar de remover. Así, obtendrá una mezcla sin grumos al emplear una masa seca y feculenta para espesar un líquido caliente. Sazone con sal y pimienta negra recién molida al gusto.

4 Vierta la sopa en platos o tazones e incorpore la nata líquida sobrante (15 ml) en el centro formando un remolino. Coloque encima algunas yemas de espárrago y espolvoree con el perifollo picado.

Gazpacho

Esta famosa sopa española se elabora tradicionalmente en un gran cuenco de barro a base de tomates maduros. Debe servirse muy fría.

Tiempo de preparación 35 minutos + 2 horas en la nevera
Tiempo de cocción Nulo
Para 6 a 8 personas

75 g de pan blanco sin corteza
30 ml de vinagre de vino tinto
2 dientes de ajo
1 3/4 pepinos sin pelar y picados
1 cebolla picada
1/2 pimiento verde picado
1,75 kg de tomates cuarteados y sin semillas
125 ml de aceite de oliva

GUARNICIÓN
1/4 pepino sin pelar
1/2 pimiento verde
4 rebanadas de pan sin corteza y tostadas

1 Triture el pan con una batidora o un robot de cocina hasta que obtenga pan rallado. Añada el vinagre, el ajo, el pepino, la cebolla, el pimiento, el tomate y una cucharadita de sal. Pase el puré obtenido por un colador.

2 Vuelva a colocarlo en la batidora y vaya añadiendo un chorro fino de aceite de oliva. Otra opción es verter la mezcla en un gran cazo e ir batiéndola enérgicamente a medida que incorpora el aceite.

3 Pruebe la preparación y sazónela con sal y pimienta negra recién molida. Quizá necesite algo más de vinagre para conseguir un sabor refrescante. La sopa debe tener una consistencia fina. Dilúyala con un poco de agua si es necesario. Cúbrala con un doble film transparente e introdúzcala en la nevera un mínimo de dos horas.

4 Para la guarnición, parta el pepino restante a lo largo por la mitad y utilice el extremo de una cucharilla para sacar las pepitas. Corte el pepino, el pimiento y el pan en pequeños dados.

5 Vierta la sopa en tazones bien fríos y coloque el pepino, el pimiento y los tostones en platos separados para que cada persona se los sirva a su gusto.

Notas del chef A la hora de servir la sopa, puede añadir un par de cubitos más en cada tazón para enfriar más la sopa, o añadirle más color picando un pimiento rojo con el verde.

Prepare la sopa el día antes de servirla si desea un sabor más intenso, pero tápela bien; el gazpacho tiene un fuerte aroma que puede afectar a otros alimentos del frigorífico.

Crema de pollo

Una sopa de preparación fácil y rápida. Se basa en un simple caldo de alas de pollo, que puede prepararse en sólo 30 minutos. También puede utilizar un caldo más tradicional como el descrito en las Técnicas del chef.

Tiempo de preparación **10 minutos**
Tiempo de cocción **50 minutos**
Para 6 personas

1 puerro picado
1 zanahoria pequeña picada
1 cebolla pequeña picada
1 tallo de apio picado
400 g de alas de pollo
2 ramitas de estragón fresco
bouquet garni (vea pág. 63)
6 granos de pimienta negra
1 clavo de olor
35 g de mantequilla
35 g de harina común
250 ml de nata líquida
1 filete de pechuga de pollo sin piel
varias ramitas de estragón fresco para decorar
2 yemas de huevo

1 En una cacerola grande ponga el puerro, la zanahoria, la cebolla, el apio, las alas de pollo, unas ramas de estragón, el bouquet garni, la pimienta y el clavo. Vierta 1,5 litros de agua para cubrir los ingredientes y llévela a ebullición. A continuación, baje el fuego y déjela hervir entre 30 y 35 minutos. Espume a menudo el caldo para que quede claro.

2 Pase un litro del caldo por un colador y reserve el resto. En una cacerola mediana, funda la mantequilla y añada la harina. Rehóguela durante 1 minuto, sin dejar de remover o hasta que se forme una pasta fina y dorada. Retírela del fuego. Vaya vertiendo lentamente el litro de caldo en la mezcla de mantequilla y harina removiendo bien. Vuelva a colocar la cacerola en el fuego sin dejar de remover hasta que la mezcla hierva y espese. Añada 200 ml de nata líquida y vuelva a llevarla a ebullición. Condiméntela con sal y pimienta negra molida al gusto.

3 Cueza la pechuga de pollo durante 8 minutos con la cantidad del caldo reservado que llegue a cubrirla. Extráigala y córtela en pequeños dados. Separe las hojas de los tallos de estragón restantes, hiérvalas en agua salada durante 30 segundos y déjelas secar. Bata las yemas de huevo con la nata líquida restante y vierta la mezcla en la sopa. No deje que la crema vuelva a hervir. Añada los dados de pollo y sirva la sopa espolvoreada con algunas hojas de estragón y un poco de pimienta negra recién molida para decorar.

sopas **47**

Consomé de verduras al azafrán

Este magnífico consomé, muy bajo en grasa, constituye un plato ideal para aquellos que desean cuidar la forma.

Tiempo de preparación 30 minutos
Tiempo de cocción 1 hora y 5 minutos
Para 6 personas

CALDO DE VERDURAS
1 cebolla picada
1 zanahoria picada
1 tallo de apio picado
1/2 bulbo de hinojo picado
1 puerro picado
80 g de champiñones picados
2 tomates maduros cortados, picados y sin semillas
2 dientes de ajo partidos
6 granos de pimienta blanca
un pellizco de nuez moscada
1 cucharada de ralladura de piel de naranja
bouquet garni (vea pág. 63)

2 pellizcos de hebras de azafrán
1 tomate maduro
1/2 puerro cortado en juliana (vea Nota del chef)
1/2 zanahoria pequeña cortada en juliana
1/2 tallo de apio cortado en juliana
6 huevos de codorniz
cebollinos frescos y perifollos picados para decorar

1 Para preparar el caldo de verduras, coloque las verduras en una cacerola grande y vierta 1,5 litros de agua. Añada el ajo, la pimienta, la nuez moscada, la ralladura, el bouquet garni y una pizca de sal. Lleve a ebullición, tape, baje el fuego y deje hervir durante 45 minutos.

2 Pase por un colador de alambre y descarte las verduras y el condimento. Separe un litro de caldo, añadiendo agua para completarlo si es necesario. Viértalo en una cacerola grande y limpia con el azafrán, y resérvelo aparte.

3 Corte una cruz en la base del tomate. Sumérjalo 10 segundos en agua hirviendo y, a continuación, en agua muy fría. Pélelos y quíteles el tallo con un cuchillo. Cuartéelos, quíteles las semillas y finalmente córtelos en dados finos.

4 En una cacerola con agua salada, hierva el puerro, la zanahoria y el apio. Cuézalos durante 5 minutos o hasta que estén blandos, y cuélelos. Agréguelos al caldo reservado, junto con los dados de tomate, y sazónelo al gusto. Vuelva a calentarlo, sin que llegue a hervir.

5 Haga hervir una cacerola pequeña con agua salada. Añada los huevos de codorniz y déjelos cocer entre 3 y 4 minutos. Quíteles la cáscara y coloque uno en cada plato de sopa. Vierta encima el consomé caliente y espolvoree con el cebollino y el perifollo.

Nota del chef Cortar "en juliana" significa cortar tiras regulares del tamaño y forma de una cerilla.

Sopa de pollo, bacon y lentejas

Las lentejas son un ingrediente ideal para espesar las sopas de invierno. Las lentejas marrones y las verdes tienen la textura adecuada para la sopa, aunque también se pueden utilizar las lentejas amarillas y las rojas.

Tiempo de preparación **40 minutos + una noche en remojo**
Tiempo de cocción **1 hora y 40 minutos**
Para 4 personas

300 g de lentejas marrones o verdes
1 pollo de 1,8 kg
50 g de mantequilla
100 g de bacon en dados
1 zanahoria en láminas
1 cebolla pequeña en aros
1 tallo de apio en láminas
bouquet garni (vea pág. 63)
unas ramitas de perejil fresco para decorar

1 Ponga las lentejas en remojo en agua fría durante una noche. Enjuáguelas y séquelas bien.
2 Quite la piel del pollo. Separe las pechugas y resérvelas. Corte en trozos los muslos, las alas y la carcasa. En una olla grande, funda la mantequilla y añada el bacon y los muslos, las alas y la carcasa del pollo. Dórelos a fuego medio entre 7 y 10 minutos. Cuando estén bien dorados, añada las verduras, el bouquet garni, 3 litros de agua fría y las lentejas. Vuelva a colocar la olla en el fuego y déjela cocer una hora, espumando de vez en cuando la superficie.
3 Entretanto, salpimente las pechugas de pollo y saltéelas 5 minutos a fuego medio de cada lado o hasta que estén bien doradas. A continuación, déjelas aparte para que se enfríen.
4 Retire los trozos de pollo de la olla con unas pinzas y separe la carne de los huesos. Vuelva a colocar la carne del pollo en la olla y déjela hervir unos 15 minutos. Retire el bouquet garni y pase la sopa por una batidora o un robot de cocina. Vuelva a verterla en una cacerola limpia, esta vez a fuego lento, y condiméntela con sal y pimienta negra recién molida al gusto.
5 Corte las pechugas de pollo en pequeños dados y añádalos a la sopa para calentarlos. Sírvala decorada con unas ramitas de perejil.

Nota del chef Si quiere potenciar el sabor de esta sopa, puede añadirle unas cucharadas de nata líquida o mantequilla justo antes de servirla.

Sopa de almejas de Nueva Inglaterra

Las almejas son muy apreciadas en la costa este de los Estados Unidos, donde se pescan en aguas costeras y se comen crudas o cocidas el mismo día. Compruebe que las almejas que utilice para esta sopa sean muy frescas.

Tiempo de preparación 40 minutos + 30 minutos en remojo
Tiempo de cocción 1 hora y 15 minutos
Para 4 personas

1 kg de almejas
20 g de mantequilla
20 g de harina común
500 ml de vino blanco
1 hoja de laurel
2 ramitas de tomillo fresco
1 cucharada de aceite
90 g de bacon ahumado en dados
1 cebolla picada
2 tallos de apio en láminas
120 g de patatas en pequeños dados
185 ml de nata líquida espesa (doble)
1 una cucharadita de perejil fresco triturado

1 Enjuague las almejas para eliminar la arena y déjelas secar.
2 Funda la mantequilla en una cacerola grande a fuego lento. Añada la harina, mézclela con un batidor de mano o una cuchara de madera y cuézala unos tres minutos. Reserve la mezcla aparte y déjela enfriar.
3 Eche el vino, el laurel y el tomillo en una olla grande, llévela a ebullición y deje cocer la mezcla 5 minutos a fuego medio. Añada las almejas, tape la olla y déjelas cocer entre 5 y 7 minutos, o hasta que se hayan abierto. Cuélelas, guarde el líquido de cocción para más tarde y tire las almejas que no se hayan abierto. Cuando las almejas estén frías, sepárelas de la concha, córtelas en trocitos y resérvelos aparte.
4 Vierta de nuevo el líquido de cocción en la cacerola de la mantequilla y la harina, pasándolo por un colador fino. Bata la mezcla y déjela cocer diez minutos a fuego medio. Espume la superficie y retire la cacerola del fuego.
5 En una olla grande, caliente el aceite a fuego medio y fría el bacon durante 5 minutos o hasta que esté bien dorado. Baje el fuego, añada la cebolla, tape la olla y déjela cocer 3 minutos. Agregue el apio, espere otros 6 minutos y, a continuación, incorpore la patata, que dejará cocer, también tapada, 3 minutos más. Vierta el líquido de las almejas espesado y déjelo cocer tapado entre 15 y 20 minutos, o hasta que las patatas estén en su punto. Añada las almejas troceadas y la nata líquida, y déjelo hervir todo 5 minutos. Sirva la sopa espolvoreada con el perejil.

Nota del chef El marisco puede contener mucha arena. Procure enjuagarlo varias veces con agua abundante.

Sopa de chayote

Los chayotes son calabazas de invierno, nativas de América. Por su color dorado y textura firme son perfectas para las sopas. La hierba de limón, por su parte, aporta un sabor intenso, contrapunto ideal al dulzor del chayote.

Tiempo de preparación **30 minutos**
Tiempo de cocción **45 minutos**
Para 6 personas

de 750 g a 1 kg de chayotes
3 patatas grandes cortadas
3 tomates grandes en mitades y sin semillas
1 tallo de hierba de limón (sólo la parte blanca), machacado con el lado de un cuchillo
1,2 litros de caldo de pollo (vea pág. 62), caldo de verduras o agua
1 1/2 cucharadas de arroz de grano largo
una pizca de nuez moscada
15 g de mantequilla opcional
3 cucharadas de nata líquida espesa

1 Corte un círculo ancho alrededor del tallo del chayote con la ayuda de un cuchillo pequeño, afilado y puntiagudo y extraiga la parte superior. Con una cuchara grande de metal, retire las pepitas del chayote. A continuación, vacíe la pulpa con una cuchara, o bien corte el chayote en trozos y, en todo caso, pique la pulpa.

2 Ponga el chayote, la patata, el tomate y la hierba de limón en una cacerola grande con el caldo o con agua. Sazone con sal y pimienta al gusto. Llévelo a ebullición, baje el fuego y déjelo hervir entre 25 y 30 minutos o hasta que las patatas estén blandas. Retire la hierba de limón, y descártela.

3 Mientras la sopa hierve, ponga el arroz en una cacerola con agua hirviendo y vaya removiéndolo. Déjelo cocer unos 12 minutos o hasta que esté blando. Cuele el arroz y enjuáguelo. Resérvelo aparte y déjelo escurrir bien.

4 Bata la sopa con ayuda de una batidora o un robot de cocina hasta que obtenga una mezcla fina. Vuelva a colocarla en una cacerola limpia, añada la nuez moscada y compruebe el condimento. La sopa debe ser espesa, pero aun así debe poder beberse de una cuchara. Si parece demasiado consistente añada un poco de leche. Agregue el arroz, la mantequilla y la nata líquida, y caliente la sopa. Sírvala en tazones decorada con pimienta negra recién molida y algunas hierbas frescas si lo desea.

Vichyssoise

Una crema de patata y puerro originaria de Estados Unidos. Si lo desea puede utilizar cebollas en vez de puerros. Esta sopa puede servirse fría o caliente.

Tiempo de preparación 25 minutos + 2 horas en el frigorífico
Tiempo de cocción 40 minutos
Para 4 personas

30 g de mantequilla
3 puerros grandes (sólo la parte blanca) en láminas finas
1 tallo de apio en láminas finas
150 g de patatas en dados
1 litro de caldo de pollo (vea pág. 62)
100 ml de nata líquida espesa (doble)
50 ml de nata líquida para montar
1 cucharada de cebollino picado

1 Funda la mantequilla en una cacerola grande a fuego lento. Añada el puerro y el apio y tape la cacerola con papel encerado engrasado. Déjelos cocer durante 15 minutos, removiendo de vez en cuando, o hasta que estén blandos. Agregue las patatas y el caldo, y sazone con sal y pimienta negra recién molida.

2 Lleve la sopa a ebullición, baje el fuego y déjela cocer unos 15 minutos o hasta que las patatas estén muy blandas. Haga puré la sopa con una batidora o un robot de cocina, viértala en un tazón y añada la nata espesa, la sal y la pimienta. Tápela con un film transparente y espere a que se enfríe antes de guardarla en el frigorífico durante un mínimo de 2 horas.

3 Sirva la sopa en tazones enfriados. Añada un poco de nata líquida semimontada en el centro y espolvoréela con cebollino.

Sopa estival de gambas y pepino

Sopa refrescante y poco común, originaria de Oriente Medio y de elaboración muy sencilla. Debe servirse muy fría y, si se acompaña de cualquier pan plano estilo árabe, resulta un almuerzo ideal para tomar al aire libre.

Tiempo de preparación 20 minutos + 30 minutos de reposo + 2 ó 3 horas en el frigorífico
Tiempo de cocción 10 minutos
Para 6 a 8 personas

250 g de pepino
1 huevo opcional
375 ml de caldo de pollo (vea pág. 62)
155 ml de zumo de tomate
900 g de yoghurt natural o griego.
125 ml de nata líquida
60 g de gambas cocidas sin pelar, frescas o congeladas, picadas
12 gambas cocidas medianas sin pelar
1 diente de ajo majado
1 cucharadita de menta fresca picada
1 cucharadita de cebollino fresco picado

1 Pele y corte el pepino en dados de 1 cm, sálelos ligeramente y déjelos en una bandeja unos 30 minutos. Páselos por agua fría, cuélelos y déjelos secar en papel de cocina absorbente.

2 Haga hervir agua con sal en una cacerola pequeña, añada el huevo y déjelo hervir unos 7 minutos. A continuación, coloque el huevo en un tazón de agua helada para interrumpir la cocción y rompa la cáscara. Déjelo en el agua hasta que se haya enfriado lo suficiente para quitarle la cáscara y vuelva a meterlo en el agua. Cuando esté completamente frío, píquelo.

3 En un gran cuenco, mezcle el caldo de pollo con el zumo de tomate y el yoghurt. Cuando la mezcla esté homogénea, añada el pepino, la nata líquida y las gambas picadas. Sazónela con sal y pimienta negra recién molida, tápela y déjala enfriar en el frigorífico durante 2 ó 3 horas.

4 Entretanto, pele las gambas enteras, excepto las colas y las cabezas. Tápelas y guárdelas en el frigorífico.

5 Frote los tazones de sopa con el ajo. Vierta la sopa y espolvoréela con el huevo, la menta y el cebollino picados. Cuelgue dos gambas en el lateral de cada tazón y sírvalos inmediatamente, acompañados de pan fresco.

Nota del chef Para que un huevo duro no se cueza demasiado, debe enfriarse inmediatamente en agua muy fría. Al enfriarlo rápido, se evita además la aparición de un anillo gris alrededor de la yema.

Sopa de manzana y chirivía

No es necesario guardar la fruta para el postre. Una sopa de frutas y verduras resulta ideal como entrante en una comida. La Granny Smith es la variedad perfecta para esta receta, ya que no es demasiado dulce.

Tiempo de preparación **30 minutos**
Tiempo de cocción **40 minutos**
Para 6 personas

30 g de mantequilla
1 cebolla picada
2 tallos de apio picados
5 chirivías picadas
3 manzanas Granny Smith, o una variedad similar, peladas y picadas
bouquet garni (vea pág. 63)
1,5 litros de caldo de pollo, (vea pág. 62)
unas ramitas de tomillo y nueces picadas para decorar

1 Caliente la mantequilla en una cacerola mediana, añada la cebolla, tápela con papel encerado engrasado y una tapa, y déjela cocer hasta que la cebolla esté transparente pero no dorada. Agregue el apio, la chirivía y la manzana, y condiméntelo todo con sal y pimienta. Cuézalo unos minutos e incorpore el bouquet garni y cubra la mezcla con el caldo de pollo.

2 Lleve a ebullición, baje el fuego y deje cocer unos 25 minutos, o hasta que las verduras estén blandas. Espume la superficie, retire el bouquet garni y bata la sopa en una batidora o un robot de cocina hasta que se haga homogénea. Vuelva a verter la sopa en una cacerola limpia, compruebe la condimentación y vuelva a calentarla.

3 Reparta la sopa en tazones. Antes de servirla, coloque un poco de tomillo y nueces picadas en el centro de cada sopa.

Nota del chef Si desea una decoración alternativa, vierta una cucharada de Calvados en 100 ml de nata líquida espesa. Mezcle parcialmente la fragante nata con la sopa, antes de servirla.

Técnicas del chef

◆

Caldo de pescado

Es preferible utilizar pescado blanco en lugar de pescados grasos. Quíteles los ojos y las agallas.

Coloque 2 kg de espinas y recortes de pescado picados en agua con sal unos 10 minutos; páselos a una cacerola con 2,5 litros de agua, 12 granos de pimienta, 2 hojas de laurel, una cebolla y un tallo de apio picados, y el zumo de 1 limón.

Lleve a ebullición, baje el fuego y deje hervir 20 minutos. Durante la ebullición espume a menudo la superficie con la ayuda de una espumadera.

Vierta el caldo en un cuenco, pasándolo por un colador fino. Presione los sólidos con un cucharón para extraer todo el líquido y guárdelo en el frigorífico. Para 1,5 litros.

Caldo de pollo

Un buen caldo casero y sabroso puede ser la clave de una gran sopa.

Trinche 750 g de huesos de pollo y carcasa y échelos a una cacerola con cebolla, zanahoria y apio picados. Agregue 6 granos de pimienta, un bouquet garni y 4 litros de agua.

Lleve a ebullición y deje hervir entre 2 y 3 horas, espumando la superficie con la ayuda de una espumadera. Vierta el caldo en cuenco limpio, pasándolo por un colador, y póngalo a enfriar.

Déjelo una noche en el frigorífico y retire la grasa de la superficie. Si no puede esperar empape la grasa de la superficie del caldo caliente con papel de cocina absorbente para eliminar la grasa. Para 1,5 ó 2 litros.

Caldo de carne

Asar los huesos le da un buen color al caldo y ayuda a eliminar la grasa sobrante.

Ase 1,5 kg de huesos de ternera a 230° C durante 40 minutos, con una cebolla cuarteada, 2 zanahorias, 1 puerro y 1 tallo de apio picados.

Pase todo a una cacerola limpia. Añada 4 litros de agua, 2 cucharadas de tomate concentrado, 1 bouquet garni y 6 granos de pimienta. Deje hervir 3 ó 4 horas, espumando a menudo la superficie.

Vierta el caldo en un cuenco, pasándolo por un colador fino. Presione los sólidos con un cucharón para extraer todo el líquido y guárdelo en el frigorífico. Para 1,5 a 2 litros.

Cómo congelar caldo

En el frigorífico, el caldo se conserva unos 3 días. Congelado en porciones se conserva hasta 6 meses.

Retire la grasa y hierva el caldo. Déjelo enfriar y viértalo en una cubitera. Guárdela en el congelador dentro de una bolsa sellada. Para dos litros de caldo, añada 1,5 liros de agua a 500 ml de caldo concentrado.

Mantequilla clarificada

La mantequilla es más difícil que se queme sin el agua y los sólidos. El "ghee" es mantequilla clarificada.

Para preparar 100 g de mantequilla clarificada corte 180 g de mantequilla en pequeños dados. Póngala en un cazo que colocará al baño María a fuego lento. Funda la mantequilla sin removerla.

Retire el cazo del fuego y déjelo enfriar un poco. Espume la superficie, procurando no mezclar la mantequilla.

En un recipiente, vierta el líquido amarillo claro con cuidado, de manera que el poso cremoso se quede en el cazo. Descarte el poso y guarde la mantequilla clarificada en un cajón hermético del frigorífico.

Bouquet garni

Añada en sus platos el sabor y el aroma de las hierbas con un bouquet garni recién hecho.

Enrolle holgadamente la parte verde de un puerro alrededor de una hoja de laurel, una ramita de tomillo, unas hojas de apio y unos tallos de perejil. Átelo todo con un cordel. Deje largo el cordel para poderlo sacar mejor.

Editado por Murdoch Books® de Murdoch Magazines Pty Limited, 45 Jones Street, Ultimo NSW 2007.

© Diseño y fotografía de Murdoch Books® 1997
© Texto de Le Cordon Bleu 1997

Editora gerente: Kay Halsey
Idea, diseño y dirección artística de la serie: Juliet Cohen

Todos los derechos reservados. Ninguna parte de esta publicación puede ser reproducida, almacenada o transmitida de ninguna forma ni por ningún medio, sea éste electrónico, mecánico, por fotocopia, grabación o cualquier otro, sin la previa autorización escrita por parte de la editorial. Murdoch Books® es una marca comercial de Murdoch Magazines Pty Ltd.

Murdoch Books y Le Cordon Bleu quieren expresar su agradecimiento a los 32 chefs expertos de todas las escuelas Le Cordon Bleu, cuyos conocimientos y experiencia han hecho posible la realización de este libro, y muy especialmente a los chefs Cliche (Meilleur Ouvrier de France), Terrien, Boucheret, Duchêne (MOF), Guillut y Steneck, de París; Males, Walsh y Hardy, de Londres; Chantefort, Bertin, Jambert y Honda, de Tokio; Salembien, Boutin, y Harris, de Sydney; Lawes de Adelaida y Guiet y Denis de Ottawa.
Nuestra gratitud a todos los estudiantes que colaboraron con los chefs en la elaboración de las recetas, y en especial a los graduados David Welch y Allen Wertheim.
La editorial también quiere expresar el reconocimiento más sincero a la labor de las directoras Susan Eckstein, de Gran Bretaña y Kathy Shaw, de París, responsables de la coordinación del equipo Le Cordon Bleu a lo largo de esta serie.

Título original: *Soups*

© 1998 de la edición española:
Könemann Verlagsgesellschaft mbH
Bonner Straße 126, D-50968 Köln
Traducción del inglés: Eduard Simón Jiménez
para LocTeam, S.L., Barcelona
Redacción y maquetación: LocTeam, S.L., Barcelona
Impresión y encuadernación: Sing Cheong Printing Co., Ltd.
Printed in Hong Kong, China

ISBN 3-8290-0637-3

10 9 8 7 6 5 4 3 2

La editora y Le Cordon Bleu agradecen a Carole Sweetnam su colaboración en esta serie.
Portada: Sopa de almejas de Nueva Inglaterra

INFORMACIÓN IMPORTANTE

GUÍA DE CONVERSIONES

1 taza = 250 ml
1 cucharada = 20 ml (4 cucharaditas)

NOTA: Hemos utilizado cucharas de 20 ml. Si utiliza cucharas de 15 ml, las diferencias en las recetas serán prácticamente inapreciables. En aquéllas en las que se utilice levadura en polvo, gelatina, bicarbonato de sosa y harina, añada una cucharadita más por cada cucharada indicada.

IMPORTANTE: Aquellas personas para las que los efectos de una intoxicación por salmonela supondrían un riesgo serio (personas mayores, mujeres embarazadas, niños y pacientes con enfermedades de inmunodeficiencia) deberían consultar con su médico los riesgos derivados de ingerir huevos crudos.